christophorus

Ines Heim

Creative *at home*

Wohnideen für ein schönes Zuhause

Inhalt

Kreative Wohnideen

Haben Sie nicht auch manchmal Lust auf eine Veränderung in den eigenen vier Wänden? Dann kommt dieses Buch genau richtig. Denn es bringt viele Inspirationen dazu, wie man sein Zuhause individuell gestalten kann. Da ist für jede Stilrichtung etwas zum Wohlfühlen mit dabei. Wer Urlaubs-Feeling wünscht, der kann seine Wohnung mit Hawaii-Motiven in plakativen Farben oder mit Kirschblüten im Asia-Style in kraftvollem Orange und Pink dekorieren. Romantiker können in nostalgischen, pastelligen Blütendessins im Schwedenstil schwelgen oder Zimmer wie in einem französischen Landhaus einrichten. Wichtig für alle Homedeko-Themen sind die Farben, denn mit ihnen kann man ganz leicht und preiswert sowohl Räume und als auch Möbel verwandeln und einzelne Elemente geschickt miteinander verbinden. Bereits eine in einem speziellen Ton gestrichene Wand mit feinen selbst gemalten Schablonenornamenten verleiht einem Zimmer im Handumdrehen eine ganz persönliche Ausstrahlung. Neben größeren Wohnprojekten zum Selbermachen gibt es auch kleine fantasievolle Dekorationen zum Nacharbeiten, die Spaß machen und garantiert gelingen. Die exklusiven Motivvorlagen für die Wand- und Möbelgestaltungen finden Sie im Vorlagenteil.

Viel Freude beim Einrichten und Dekorieren wünscht Ihnen Ihre

Ines Heim

Tropen-Zauber

Mit exotischen Pflanzen und plakativ gemaltem Hibiskus auf Wänden und Accessoires lässt sich ein paradiesisches Urlaubsflair leicht ins Haus holen.

Für alle, die wie im Urlaub wohnen wollen, sind diese Dekoideen gerade richtig. Viel Pink, knackiges Grün, Azurblau und Weiß für die Home-Decoration verbreiten eine relaxte Atmosphäre wie in der Südsee. Dazu gibt es unkomplizierte Möbel aus Geflecht oder mit glänzend weißen Lackoberflächen und jede Menge exotische Zimmerpflanzen wie Phönixpalme, großblättrige Alokasien und kleine Bougainvilleastämmchen in kräftigem Pink für die Tischdekoration. Für die malerischen Highlights sorgt eine attraktive Schablone mit Hibiskusmotiv, das sich für kleine Projekte wie Tischsets, aber auch für großzügige Wand- und Textilgestaltungen eignet. Und originelle Lampen sowie hübsche Windlichter und Kerzenleuchter sind schnell gemacht und sorgen für die kleinen stimmungsvollen I-Tüpfelchen.

Malerische Blüten

Die Hibiskusblüte ist ein zauberhaftes Motiv und wird in Hawaii gerne als Muster für Textildessins verwendet. Die trendigen Blumen vermitteln pures Urlaubs-Feeling.

Dieser Wohnraum erinnert jeden Tag an fröhliches Beach-Life auf einer tropischen Insel. Grundlage der attraktiven Malerei auf dem Raumteiler ist eine Motivschablone aus dem Fachhandel, die aus mehreren Einzelschablonen besteht und sich vielfach einsetzen lässt. Preiswerte Bastrollos erhalten mit aufgemalten exotischen Blüten eine individuelle Note.

Die Malerei geht kinderleicht und gelingt auch Einsteigern: Die selbsthaftende Schablone wird auf die Rollos aufgelegt und mit weißer Textilmalfarbe ausgemalt. Die einzelnen Bahnen können als Raumteiler von der Decke abgehängt oder in Gleitschienen als Fensterdeko eingesetzt werden.

Tipp:

Kombinieren Sie Naturbast und Flecht-möbel mit glänzenden Teppichen und farbenfrohen Dekos aus Plastik.

Wände dekorieren

Das schöne Hibiskusmotiv kann man auch wunderbar variieren: Hier wurde die Blütenschablone als Wandmotiv zusammen mit großen selbst entworfenen Vasen kombiniert zu einem tollen Wandbild.

Die Fertigschablone besteht aus mehreren selbst haftenden Einzelmotiven. Das Trägerpapier wird vor dem Malen entfernt. Die Vase ist 50 cm hoch und als Schemazeichnung auf Seite 102 abgebildet.

Zuerst die Vasenformen vergrößern und die Umrisse auf die Wand übertragen. Danach die Schablone in der Reihenfolge der angegebenen Nummerierung an der Wand fixieren.

Auf das Hibiskusmotiv mit dem Stupfpinsel Schablonierfarbe in Pink auftragen. Dabei immer nur wenig Farbe aufnehmen, damit nichts unter die Blütenschablone gerät.

Zum Schluss werden die Umrisse der großen Vasen ausgemalt. Hier wurden die Farbtöne Azurblau, Mittelgrün und Türkis verwendet, passend zum leuchtenen Pink der Blumen.

Exotische Tropenleuchten

Oft kommt es bei einer schönen Wohn-Deko vor allem auf die gute Idee an. Hier werden beispielsweise Abdeckhauben zweckentfremdet und zu farbenfrohen Leuchten im Südsee-Look gestaltet.

Für diese originellen Lampenschirme benötigen Sie preiswerte geflochtene Abdeckhauben aus Bambus, Dekospray in Pink und Orchideenblüten, die als Streuteile in einem Beutelchen angeboten werden.

Das Haubengeflecht einfach durch Sprayen gleichmäßig lackieren. Für die Birnenfassung die obere Spitze der Haube abschneiden. Zuletzt noch Stofforchideen um den Rand herum kleben.

Kleine Deko-Projekte

Mit der Hibiskusschablone kann man auch viele kleine Projekte gestalten, zum Beispiel hübsche Tischsets für eine tolle Hawaii-Party. Dafür verwendet man am besten nur einzelne Formen aus dem Blütenmotiv.

Das Blütenmotiv mit weißer Textilmalfarbe macht sich prächtig auf einer Handtasche. Zusätzlich mit Spezialkleber aufgeklebte Strasssteine sorgen für Glamour und tolle Effekte.

Die kleinsten der Hibiskusblüten dienen als schmückendes Element auf Tischsets. Die weiße Textilmalfarbe wird nach dem Trocknen durch Bügeln fixiert, dadurch wird der Stoff maschinenwaschbar.

Auch als Motive für Bilder sehen die Blüten dekorativ aus. Sie werden mit Schablonierfarbe auf Karton gemalt und eingerahmt. Die Rahmen können passend mit den gleichen Farben gestrichen werden.

Zur blauen Stunde

Machen Sie es sich Zuhause so richtig gemütlich mit Accessoires, die an Sommer, Sonne und Traumstrände erinnern.

Ein altes Sofa ist schnell mit azurblauem Stoff bezogen. Dahinter sorgen orangefarbene Strelizienblüten für Tropenfeeling. Wählen Sie für die Dekoration im Hawaii-Stil leuchtende Farben. Dazu passen Flechtmöbel ebenso wie solche mit glänzenden Oberflächen, Plastik-Accessoires und eine Prise Südsee-Kitsch.

Die attraktiven Windlichter sind aus Transparentpapier und Kunstorchideen schnell gebastelt. Flaschen, die mit Kunstbast in knackigen Farben ganz einfach umklebt werden, dienen als stimmungsvolle Kerzenleuchter.

Farbberatung – create the look

 Intensives Melonengelb erinnert an die Farben reifer exotischer Früchte und wird ganz sparsam als Akzentfarbe eingesetzt.

 Helles, saftiges Grün steht für die üppige Vegetation tropischer Regenwälder. Es ist ein wahrer Balsam für Körper und Seele.

 Das reine Azur der Südsee und blauer Lagunen bringt Frische in jedes Interieur und mildert die Power von Pink und Gelb.

 Einfach aufregend: Strahlendes Pink zieht sofort alle Blicke auf sich und belebt lichte, mit wenig Möbeln ausgestattete Räume.

Savoir-Vivre

Mit diesen Deko-Ideen kann man das Schlafzimmer ganz leicht in ein Boudoir verwandeln und wohnen wie Gott in Frankreich, mit Farbkombinationen wie Pink, Türkis und Weiß und edlen Stoffen im französischen Stil.

Oft fristet das Schlafzimmer ein Mauerblümchendasein. Doch das muss nicht sein. Mit wenig Aufwand wird aus diesem Zimmer ein Traum von Raum, zum Beispiel im Stil des Pariser Fin de siècle. Mit viel Weiß, Pink und Türkis hält eine frische Stimmung Einzug. Elegante Stoffe bringen eine luxuriöse Note ins Spiel. Das Betthaupt wurde mit einem Toile-de-Jouy-Druck im Stil des ausgehenden 18. Jahrhunderts bezogen. Das geht schnell und leicht und verleiht dem Bett einen edlen Touch. Dazu passt fein gestreifte Bettwäsche mit spitzengesäumten Kissen. Auch der Polstersessel erhielt einen pinkfarbenen Bezug aus einem feinen Samt. Zum feminin verspielten Ambiente bilden die klaren Streifen an der Wand einen interessanten Kontrast. Ein echtes Highlight ist ein silbern gespraytes Beistelltischchen, das als Ablage genug Platz bietet für die voluminösen Romane der Belle Epoque.

Deko mit Farbe und Stoff

Edle, fein aufeinander abgestimmte Stoffe wie der traditionelle, mit Bilderdruck versehene Toile de Jouy und ein hochwertiger Samt für den Sessel machen die Einrichtung perfekt. Dazu passen klare Streifen in Pink besonders gut.

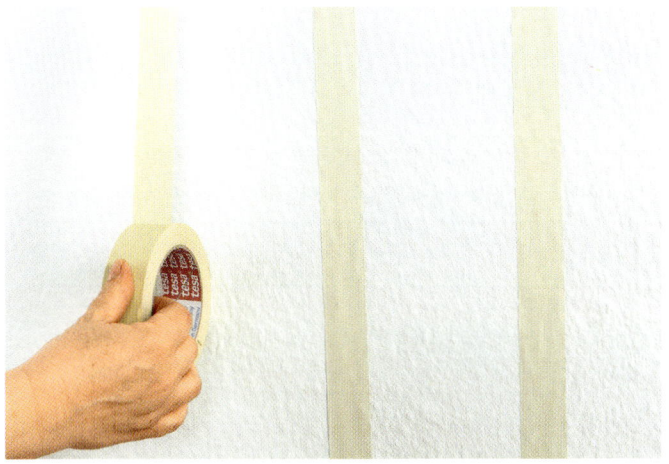

Um saubere Streifen zu erhalten, werden zunächst die Abstände ausgemessen und dann die einzelnen Bahnen mit Malerband abgeklebt.

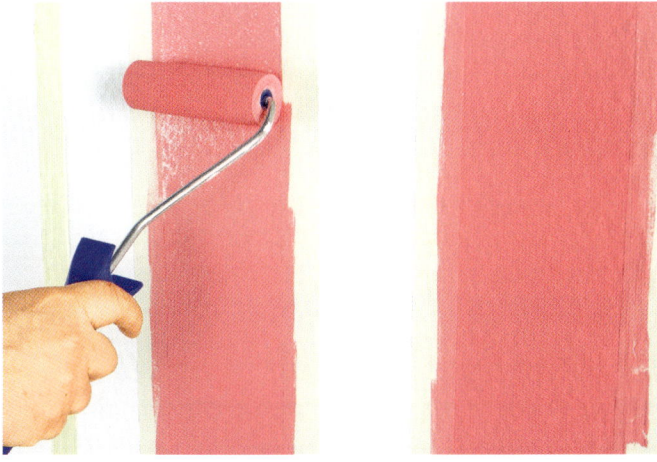

Mit einer Schaumstoffrolle wird Acrylfarbe in Pink aufgerollt. Nach dem Trocken der Farbe kann das Malerband vorsichtig entfernt werden.

Toile de Jouy bespannt, wird der verspielte Bilderrahmen zur Pinnwand. Die Schönheit dieser Baumwolldruckstoffe mit feinem roten oder blauen Dekor auf weißem Untergrund und figuralen und floralen Darstellungen hat die Zeit überlebt.
Der Sessel links wurde weiß lasiert und mit edlem Samt bezogen.

Dekorieren mit Papier

In Papeterien und in Kreativläden gibt es wundervolle Papiere. Sie sind fast zu schade dafür, dass man sie nur zum Einpacken verwendet. Mit etwas Fantasie lassen sich nämlich auch tolle Wohndekorationen damit gestalten.

Diese Home Dekos besitzen Klasse und Stil und sind eine ideale Ergänzung fürs Schlafzimmer. Die edlen Papiere in Türkis und Silber passen prima zum Stil. Strass-Sticker setzen funkelnde Akzente.

Ein femininer Paravent wird mit verführerischen Dessous aus Geschenkpapier verziert. Die Motive werden ausgeschnitten – die Vorlagen dazu finden Sie auf Seite 102 – und mit Sprühkleber fixiert. Selbstklebende Strass-Sticker putzen die Wäsche heraus. Eine romantische Garderobe entsteht ebenfalls aus gemustertem Papier, auf dem noch Haken und eine Stuckleiste angebracht werden.

Glanzvoll dekoriert

In Schlössern und Landsitzen findet man häufig Einzelmöbel mit goldenen oder silbernen Oberflächen. Solche luxuriösen Stücke sind mit Metallic-Spray leicht selbst gemacht und werden so garantiert zum Highlight in der Wohnung.

Ein zierliches Beistelltischchen im Biedermeierstil erstrahlt mit edlem Silberchrome-Spray in noblem Glanz. Wichtig ist die gute Vorbereitung der Holzoberfläche, damit der Spray auch richtig schön glänzen kann. Sonst kann man bei diesem edlen Tischchen eigentlich nichts falsch machen.

Farbberatung – create the look

Die Farbe Pink bringt in dieses Schlafzimmer eine verspielte weibliche Note, die mehr Power ausstrahlt als zartes Rosa.

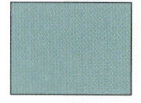

Türkis bildet zum warmen Pink einen kühlen Kontrast. Diese Farbe steht für Frische, Wachheit, Sauberkeit und Klarheit.

Weiß bringt die intensiven Farben Pink und Türkis richtig zum Leuchten. Es symbolisiert Reinheit, Unschuld und Leichtigkeit.

Kühle Metalltöne wie Silber sehen sehr nobel und kostbar aus. Sie werden nur sparsam als Akzente eingesetzt.

Die Holzoberfläche gut abschleifen und dann zunächst mit Holzgrundierung einsprühen.

Damit der Silbereffekt schön zur Geltung kommt, das Tischchen dann mit Effektprimer überlackieren.

Zum Schluss die Fläche mehrmals gleichmäßig mit Silver Chrome Spray einsprühen.

Schweden-Stil

Wohnen im neuen nordischen Look geht ganz einfach: Das Geheimnis liegt in der genialen Mischung von Möbeln mit Patina, schön aufeinander abgestimmten Pastelltönen, viel zartem Weiß und romantischen Country-Blumen.

Haben Sie Lust, Ihrer Wohnung das Flair eines Ferienhäuschens an der Ostsee zu verleihen? Dafür brauchen Sie nur etwas Farbe und Fantasie und im Handumdrehen entsteht eine behagliche Atmosphäre im skandinavischen Stil. Pastelltöne, Weiß und nostalgische Blumenmotive verleihen den Räumen eine heitere, lichte und unbeschreiblich weibliche Stimmung. Schöne weiche Textilien machen die Wohnung besonders kuschelig. Wer will, kann leicht und preiswert einfarbige Stoffe mit Textilmalfarbe dekorieren, zum Beispiel mit zarten, duftigen Hortensienmotiven. Wie einfach das mit einer selbstgeschnittenen Schablone geht, wird auf den Folgeseiten gezeigt. Auch alte Möbel, die man mit etwas weißer Acrylfarbe leicht wischt, so dass der Untergrund noch durchscheint, passen zu diesem Stil. Denn Vintage-Style und Shabby Chic sind aus dem romantischen Wohnambiente nicht wegzudenken und der unkomplizierte Möbelmix von alt und neu macht die Wohnung zur Ferienoase.

Textile Romantik

Die aparte Farbpalette der Hortensien lässt die Herzen von Gartenfreunden höher schlagen. Eine attraktive Stoffmalerei fängt den besonderen Zauber dieser nostalgischen Blume ein.

Da kommt Ferienlaune auf: Die gemütliche Bank im Landhausstil erhält liebevoll mit Hortensienblüten dekorierte Kissen. So lässt sich's leben wie im Ferienhäuschen an der Ostsee.

Die Stoffmalerei geht kinderleicht: Die Schablone für das verspielte Hortensienmotiv wird nach der Vorlage von Seite 103 aus Karton geschnitten und dann mit einem Stupfpinsel mit Textilmalfarbe ausgemalt. In die Blütenmitte werden jeweils mit einem feinen Pinsel Tupfen in Orange gesetzt.

Wand mit Blütenkränzen

Diese Wandgestaltung verbreitet den Charme alter Tapeten, wie sie in den Landsitzen des Ostseeraums vor zweihundert Jahren verwendet wurden. Auch hier kommen die Hortensienblüten wieder gut zur Geltung.

Zuerst werden Streifen ausgemessen und mit Malerband abgeklebt, dann mit verdünnter Mattfarbe in Weiß ausgerollt. Die Wandfarbe sollte darunter noch leicht durchschimmern.

Die Hortensienschablone wird nach der Vorlage von Seite 103 aus Karton ausgeschnitten, mit einem Reißnagel an der Wand befestigt und mit weißer Schablonierfarbe ausgemalt.

Türkisfarbene Vasen mit weißen Blütendolden der Bauernhortensie machen sich prima vor der veilchenblauen Wand.

Malerische Blütenpracht

Dekorativer Blumenschmuck verzaubert jede Wohnung. Wer will, kann diese romantische Stimmung malerisch auf hübschen Möbeln festhalten. Ein Strauß mit roten und pinkfarbenen Gartenblumen bringt Frische hinzu.

Dem Tabletttisch steht die blumige Malerei mit fliederfarbenen Clematisblüten und Blättern ausgezeichnet. Und mit Hilfe der Schablonenvorlagen von Seite 103 gelingen die Formen der Blüten und Blätter garantiert. Die Grundformen können ganz einfach mit Mattfarbe aufgemalt werden. Die Details in der Blüte werden dann freihand gestaltet.

Blumen wie aus einem sommerlichen Landhausgarten unterstreichen die nostalgische Stimmung. Hier wurden Rosen, Geranien, Zinnien und Kosmeen in einem Drahtkörbchen zu einem niedlichen Strauß vereint. Mit einem passenden Schleifenband aufgehängt, findet dieses nostalgische Arrangement dann seinen Platz über dem Tisch oder am Fenster.

Im Landhausstil

Möbel, deren Oberfläche Gebrauchsspuren aufweist, sind wieder in. Solch alte Schätzchen finden sich in fast jedem Haus. Schauen Sie sie genau an, oft haben sie schöne Formen und mit etwas Farbe erwachen sie zu neuem Leben.

Für die angesagte Used-Optik wird die verdünnte weiße Acryl- oder Mattfarbe nur leicht, am besten mit einem Pinsel, aufgewischt, sodass an manchen Stellen der Untergrund noch durchscheint.

Die Oberflächen lassen sich noch mit Blütenmotiven – nach der Vorlage auf Seite 103 – dekorativ verwandeln. Dazu passen gut sanfte Pastelltöne wie Mauve, Lavendel und Hellgrün prima.

Eine alte dunkelbraune Konsole erstrahlt so ganz aktuell im neuen Vintage-Style. Das Holzkörbchen ist eine tolle Geschenkidee für Menschen mit einem grünen Daumen.

Mit zarten Hortensienblüten bemalte Spiegel mit aufgesteckten Kerzen sehen als Dreiergruppe besonders schön aus.

Farbberatung – create the look

Zartes Grün ist die Farbe des Frühlings. Mit Weiß kombiniert, sieht diese Farbe immer frisch aus. Lilatöne bilden dazu einen aparten Kontrast.

Lavendeltöne schaffen eine sanfte Stimmung. Aus Rot und Blau gemischt wahren sie die Balance zwischen kühlen und warmen Farben.
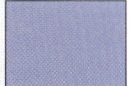

Das leicht verblasste Lila der Farbe Mauve, die nach der wilden Malve benannt ist, verleiht der Einrichtung nostalgischen Charme.
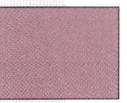

Gebrochenes Weiß macht die Wohnung licht und edel und mit Akzenten in Mauve, Lavendel und hellem Grün sehr feminin.

Romantischer Stil

Harmonische Farben, schön miteinander kombinierte Stoffe und dekorative Blumenmotive auf Wänden und Möbeln bringen den Charme vergangener Zeiten ins Haus.

Schaffen Sie sich eine eigene kreative Welt voller Fantasie und Atmosphäre. Mit zartem Rosa, Weiß und Möbeln in edlen Schlammtönen wurde der Landhausstil neu interpretiert und durch harmonisch aufeinander abgestimmte Stoffe mit floralen Mustern ergänzt. Sie eignen sich wunderbar für textile Homedekos und erhöhen den Wohlfühlfaktor einer Wohnung. Von einem Stoffdessin wurden die Motive für die Wandgestaltung und zur Dekoration von Möbeln angeregt. Sie lassen sich leicht als Schablonen arbeiten und mit speziellen Farben ausmalen. Wer sich's leichter machen will, kann auch auf fertige Schablonen aus dem Fachhandel zurückgreifen. Zu diesem Look passen liebevoll ausgewählte Accessoires wie nostalgische Spiegelrahmen, funkelnde Kristalleuchter, Bauernsilber und Geschirr im Retro-Stil. Und natürlich dürfen Blumen nicht fehlen.

Romantik pur

Zartes Rosa, sanftes Braun und lichtes Weiß harmonieren prächtig miteinander und schaffen eine behagliche Atmosphäre. Dazu passen bemalte Möbel und Wände im englischen Landhausstil und Heimtextilien in sanften Farben.

Motive für malerische Dekorationen kann man leicht selbst entwickeln. Bei dieser Einrichtung wurden die feinen Blattmotive auf der Wand und das Blüten-ornament auf der Bank von den Mustern einer Stoff-

kollektion inspiriert. Das Prinzip ist ganz einfach: Wenn man die Stoffe im Copyshop kopiert, einzelne ausgewählte Motive vergrößert und umzeichnet, kann man daraus schöne Vorlagen für Schablonen kreieren, die sich für viele Projekte eignen.

Gekonnt aufeinander abgestimmte Farben zeichnen dieses Interieur aus. Viele Einrichtungsdetails sind mit Schablonen gestaltet.

Bank mit Blütenornament

Blumen- und Blattmotive sind auf ländlichen Möbeln immer beliebt. Dieses wurde vom Stoff der Gardine und des Kissens inspiriert.

Nach der Vorlage von Seite 104 wird eine Schablone aus fester Folie geschnitten, auf die Lehne gelegt und mit Schablonierfarbe ausgetupft.

Die Wände werden in einem leichten Rosa gestrichen und dann allover mit braunen Blattmotiven nach der Vorlage von Seite 103 schabloniert.

Tipp:

Das Blumenornament sieht in Weiß ganz edel aus. Man kann es aber auch in Pastellfarben anlegen. Dazu sollte erst mit Weiß vorschabloniert werden, darüber werden dann die anderen Töne aufgetragen. So erhalten diese eine stärkere Leuchtkraft.

Malerische Blütenwand

Diese Wanddekoration erinnert an den Charme längst vergangener Zeiten. Die nostalgische Clematisblüte wurde mit einer selbst haftenden Schablone und mit Metallicfarbe in faszinierendem Rosa gestaltet.

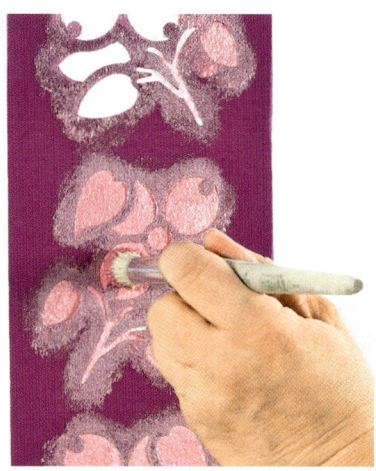

Die selbsthaftende Motivschablone an die Wand drücken und mit Schablonierfarbe in Metallic Rosa austupfen. Dabei immer nur wenig Farbe auf den Pinsel nehmen.

Die „Blumentapete" rechts ist fix gemacht: Auf die weiße Wand werden einer mit glänzenden Schablonierfarbe Clematisblüten gemalt. Die Schablone wird so aneinandergefügt, dass das Ergebnis wie eine Streifentapete aussieht.

Dieses Motiv bietet viele Einsatzmöglichkeiten auf Wänden und Möbeln und kann auch gut einzeln angeordnet werden.

Nach dem Antrocknen der Farbe die Schablone vorsichtig abziehen und sie so oft, wie es für die gewünschte Länge der Bordüre nötig ist, wieder neu ansetzen, so dass sich ein Rapport ergibt.

Tipp:

Wenn Sie die Schablone neu ansetzen, sollten Sie besonders darauf achten, dass keine Farbe auf die Unterseite kommt. Am besten jedes Mal nachsehen, ob die Schablone auch sauber ist, bevor sie dann erneut auf die Wand gedrückt wird.

Dekorationen in Rosa

Sanftes Rosa schafft eine sehr weibliche Wohnatmosphäre. Schön sehen dazu Weiß und Cremetöne aus, aber auch Brauntöne harmonieren sehr gut damit. So wirkt Rosa zart, luftig und sehr romantisch.

Über selbst gemachte Karten freut sich jeder. Hier werden sie mit Schablonenmotiven verziert. Sie sollten die Farbe sparsam auftragen, sonst wird das Papier zu nass und wellt sich.

Alte Körbe sind zum Wegwerfen viel zu schade. Mit Farbspray in zartem Rosa erleben sie einen zweiten Frühling. Diese Auffrischung bekommt ihnen sehr gut. Mit Blumen bestückt werden sie zu einem liebevollen Geschenk.

Farbberatung – create the look

Rosa ist die weiblichste aller Farben. Sie steht für Sanftheit, Zärtlichkeit, Liebe und Romantik. Mit ihr kann man schöne Akzente setzen. Aber: Weniger ist auch hier oft mehr.

Nussbraun ist die ideale Ergänzung zum feinen Rosa und bildet dazu einen schönen warmen Kontrast. Braun verbreitet ein Gefühl von Behaglichkeit und Geborgenheit.

Weiß passt wunderbar zur Farbkombination Rosa/Nussbraun. Es bringt Helle und Weite in den Raum und frischt auf. Am schönsten passt gebrochenes Weiß wie Sahne oder Elfenbein.

Natur-Gefühl

Organische Blattstrukturen, viel Grün, Flechtmöbel und aparte Holztöne sind ein Rezept für entspanntes Wohnen. Denn alle Naturmaterialien vermitteln ein Gefühl von Geborgenheit.

Saftiggrüne Blätter wecken in uns Assoziationen an die Natur und die üppige Vegetation des Regenwaldes oder unserer heimischen Wälder. Sie stehen für Leben und Hoffnung. Die Farbe Grün in all ihren Fassetten stillt unsere elementare Sehnsucht nach Ursprünglichkeit. Im Wohnbereich wirkt sie ausgleichend und beruhigend und lässt die Hektik des Alltags vergessen. Die Dekorationen in diesem Kapitel leben von dem interessanten Zusammenspiel von ausdrucksvollen Blattdessins auf Druckstoffen, selbstgemalten Rahmen und Bildern und faszinierenden Naturmaterialien wie Holzfurnier und schimmerndem Perlmutt. Ihren Reiz beziehen diese Dekos aus dem Kontrast von reduzierter Schlichtheit, rauen organischen Holzstrukturen und feinem Perlmuttglanz. Eine natürliche Einrichtung mit viel Grün schafft leicht einen fließenden Übergang zwischen drinnen und draußen und eignet sich prima für einen Wintergarten, einen großzügigen Wohnraum oder zur Gestaltung einer Terrasse. Attraktive Grünpflanzen mit großen Blättern gehören unbedingt dazu und verbessern außerdem das Raumklima.

Wohltuende Grüntöne

Grüntöne und organische Blattformen machen den Reiz dieses Bildes aus. Die Strukturen von Blättern und Samenständen der Linde inspirierten zu diesem großformatigen, stilisierten Bild.

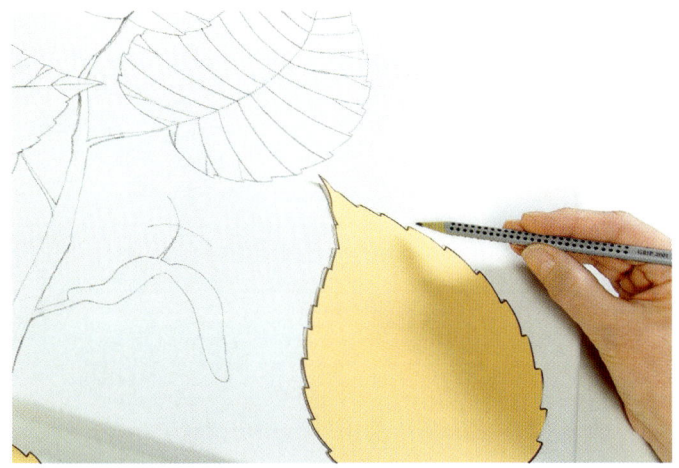

Nach den Vorlagen von Seite 105 die Schablonen herstellen, auf den Keilrahmen legen und dann mit einem weichen Bleistift umfahren.

Die Vorzeichnung mit einem schwarzem extra dicken Tuschestift nachziehen, die Blattadern einzeichnen und auch die Samenstände ausmalen.

Nun mit den Tuschepens in zwei Grüntönen einzelne Bildpartien ausmalen. Dabei immer wieder einzelne Lichtpunkte frei lassen oder aufmalen.

Zum Abschluss nur wenige Lindenblätter in Maigrün gestalten. Viele Blätter bleiben ganz einfach weiß. Das gibt dem Bild Frische und Leichtigkeit.

Keilrahmen dekorieren

Hier bringen Grüntöne einen natürlichen Touch ins Spiel und Kupfer setzt glänzende Akzente. Die aufs Wesentliche reduzierten organischen Formen und die Harmonie der Farben strahlen Ruhe, Kraft und Eleganz aus.

Den Untergrund, auf den das Blattmetall aufgetragen werden soll, mit Acrylfarbe grundieren. Dann die XXL-Schablone mit dem Riesenkerbel auflegen.

Nun auf die gut angedrückte Schablone mit einem weichen Pinsel Anlegemilch für Blattmetall auftragen und ungefähr 20 Minuten antrocknen lassen.

Auf die noch leicht klebende Anlegemilch vorsichtig Blattmetallblättchen in Gold auflegen und mit einem weichen Synthetikpinsel leicht andrücken.

Die Blattmetallauflage muss jetzt etwa 12 Stunden anziehen. Dann können die Schablone und überschüssiges Blattmetall vorsichtig entfernt werden.

Natürliche Dekorationen

Um eine solch einladende Terrasse einzurichten, braucht man gar nicht viel: Gemütliche Polster werden mit schönen Stoffen in einem ausdrucksstarken Blattdessin bezogen. Dazu kommen jede Menge Pflanzen mit großen Blättern.

Mit diesen interessant gemusterten finnischen Stoffen wird eine sehr natürliche Wohnatmosphäre geschaffen. Halbierte Kokosnüsse sind eine originelle Tischdeko und eignen sich gut als Schalen. Mit Holzfurnier und Perlmutt entstehen schnell und einfach die passenden Serviettenringe. Großzügige Ruhepolster mit Blattmotiven schaffen eine richtige Wohlfühlinsel.

Perlmutt und Holz

Klare Blattformen inspirierten zu diesen Dekorationen mit Kirschholzfurnier aus der Papeterie. Die Tischkarten und Schachteln erhalten durch die organischen Formen und die schöne Holzmaserung eine edle Note.

Aus Holzfurnier, Perlmuttscheiben in Natur, Türkis und Violett und schönen Papieren werden die fantasievollen Dekos gestaltet.

Man kann die Motive – nach der Vorlage auf Seite 106 – mit der Schere aus einem dünnen Furnierbogen ausschneiden. Auf Schachteln und Tischkarten werden sie mit Klebstoff fixiert.

Einfache Ordnungsboxen werden mit Blattmotiven aus Furnier zu natürlich eleganten Schmuckkästchen. Ein altes Glas mausert sich dank Furnier und Perlmuttscheiben zum absoluten Deko-Star.

Natürlich schön

Was wären Haus oder Wohnung ohne das lebendige Grün von Pflanzen? An diesen natürlichen Tönen kann man sich nicht satt sehen.

Mit Zimmerpflanzen, Möbeln mit schöner Holzmaserung und Flechtwerk kann man auch Zuhause Natur genießen und entspannen. Dieses Ambiente wirkt beruhigend und bildet einen guten Gegenpol zum Alltagsstress. Das Grün der Blattpflanzen und das Braun von Stämmen und Zweigen sind eine Wohltat für Auge und Seele. Mit viel Weiß kombiniert, werden die natürlich gestalteten Räume schön licht und luftig. Bubiköpfe in Astgeflecht und ein großes Exemplar von Pachira aquatica bringen die Natur ins Haus.

Farbberatung – create the look

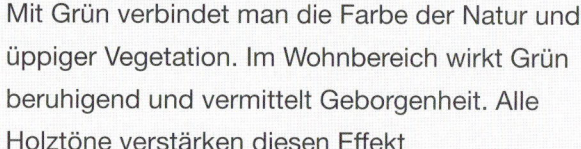 Mit Grün verbindet man die Farbe der Natur und üppiger Vegetation. Im Wohnbereich wirkt Grün beruhigend und vermittelt Geborgenheit. Alle Holztöne verstärken diesen Effekt

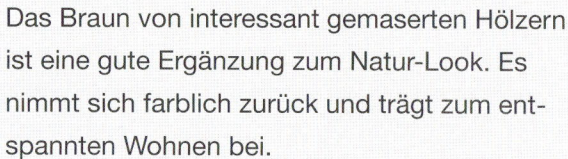 Das Braun von interessant gemaserten Hölzern ist eine gute Ergänzung zum Natur-Look. Es nimmt sich farblich zurück und trägt zum entspannten Wohnen bei.

Mit reinem Weiß kommt Frische ins Spiel. Es macht die Räume schön weit. Vor diesem Hintergrund kommen saftig grüne Blätter und Solitärpflanzen am besten zur Geltung.

Asia-Feeling

Eine Prise Fernost macht dieses Interieur zu einem Erlebnis. Und alles ist leicht gemacht. Das Rezept: Kraftvolle Farben wie Pink und Orange, eine schöne Wandgestaltung, attraktive Stoffe und raffiniert schlichte Möbel.

Sehnsüchtig wie in keinem anderen Land der Welt wird jedes Jahr in Japan der Beginn der Kirschblüte „Sakura" erwartet. Die Medien berichten regelmäßig über den Fortschritt der Blüten und deren Ausbreitung von Süden her, so dass alle rechtzeitig einen der Haine aufsuchen und dort das Kirschblütenfest feiern können. Hanami, „Blüten beschauen gehen", heißt dieser Ausflug ins Grüne, bei dem gepicknickt wird. Das ganze Land ist dann für kurze Zeit mit einem weißroten Schleier überzogen und in duftige Blütenwolken gehüllt. Doch nicht nur in der Natur bezaubern die anmutigen Bäume, deren Kultur schon seit über tausend Jahren gepflegt wird. Auch in einem modernen Ambiente und in kräftigen Farben wie Pink machen sich die symbolträchtigen Blüten gut: Als Schablonenmalerei auf einer in leuchtendem Orange gestrichenen Wand entfalten sie eine faszinierende Wirkung. Zu diesem fernöstlichen Thema passen am besten Möbel, Textilien und Accessoires in klarem Design und warme Strukturen wie Holzoberflächen in verschiedenen Tönen.

Japanische Kirschblüten

Diese feinen stilisierten Kirschblüten bringen den japanischen Frühling zu uns. Fast meint man, den zarten Duft riechen zu können. Dazu passen Stoffe mit japanischen Motiven.

Zuerst wird mit Hilfe einer Schablone ein weißer Kreis auf die Wand gemalt. Der Kreis hat ungefähr einen Durchmesser von 30 cm.

Dann werden die Kirschblüten beliebig in Pinkfarben platziert – auch mit Schablonen, die Vorlagen dazu finden Sie auf Seite 106.

Zur Gestaltung der Leuchte werden ebenfalls die stilisierten Kirschblüten verwendet, hier wird aber nur die Außenlinie der Blüten mit dem Deco-Pen aufgemalt. Diese Papierleuchen werden als Stehlampen und als Deckenleuchten recht preiswert in verschiedenen Formen angeboten, sie eignen sich sehr gut zum Bemalen.

Buddhastatue

Japanisch inspirierte Räume zeichnen sich durch eine klare Möblierung und meditative Elemente aus. An das Thema Ruhe und Entspannung erinnert die Wandgestaltung mit einem aufgemalten Buddha.

Die belebenden Farben Orange und Pink lassen die Wand heiter wirken. In verhaltenem Grau dagegen sieht das Motiv ruhiger aus. Der Buddha wurde mit einer Motivschablone, die im Handel erhältlich ist, gemalt und in lebendigen Farben wie die Kirschblüten gestaltet. Das gleiche Motiv wirkt in Anthrazitgrau auf einem lackroten Grund wesentlich gesammelter und ruhiger. Die natürlichen Blütenzweige und einfache, klare Formen für Möbel und Home-Accessoires gehören zum asiatischen Stil und machen ihn so beliebt.

Farbberatung – create the look

Orange ist eine motivierende Farbe, die dem warmen Rot am nächsten steht. Sie erinnert an leuchtende Früchte, orientalische Gewürze und buddhistische Mönchsgewänder.

Zum satten Orange bildet vitales Pink einen interessanten Kontrast. Wenn die Wände bereits orangefarben gestrichen sind, sollte es nur als Akzentfarbe eingesetzt werden.

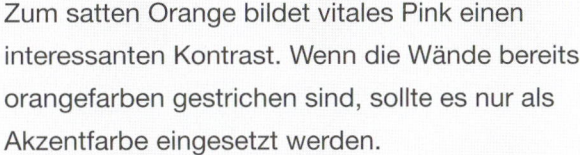

Reines Weiß schafft den Ausgleich zwischen den beiden aktiven Farben Pink und Orange und bringt Frische ins Spiel. Die beiden anderen Farben werden damit noch leuchtender.

Kinder-Zimmer

Für die lieben Kleinen greifen Eltern gern einmal zu Farbe und Pinsel. Dann heißt es Wände streichen, Zimmer dekorieren und Möbel in fröhlichen Farben anmalen.

Das Kinderzimmer ist ein multifunktionaler Lebensraum. Hier findet einfach alles statt: Spielen, Toben, Lernen, Schlafen, Essen und Freunde empfangen. Deshalb sollte das Zimmer gleichermaßen praktisch und einladend gestaltet sein. Mit unkomplizierten Möbeln, die sich gut kombinieren und flexibel einsetzen lassen und frischen Farben gelingt das spielend leicht. Neue Rohholzmöbel können mit speichelechter Acrylfarbe in den Lieblingstönen der Kinder gestrichen werden. Oder ein altes Stück vom Dachboden wird bunt aufgemöbelt und erlebt im Reich der Kleinen seinen zweiten Frühling. Auch die Wandgestaltung bereitet Eltern keine Probleme. Schnell ist mal eine einzelne Wand in kräftigem Pink gestrichen. Das setzt einen fröhlichen Akzent und gerade Mädchen lieben diese Farbe über alles. Auch mit einer Schablone ist ruckzuck ein dekoratives Motiv gestaltet, das Kinder begeistert.

Wandmalerei

Jetzt beginnen für alle kleinen Mädchen in ihrem Kinderzimmer märchenhafte Zeiten. Denn dieses Schablonenmotiv mit Krone und Schriftzug verrät, wo die Königliche Hoheit wohnt.

Schriftzug und Krone „Little Princess" werden mit einer extra großen Schablone, die es im Fachhandel zu kaufen gibt, und Schablonierfarbe in Pink gestaltet. Das Motiv wird genau mittig über einem Bett mit hohen Kopf- und Fußteilen im Stil der Prinzessin auf der Erbse angebracht. Das weiß lasierte Bett lässt sich auch als Hochbett mit Leiter aufbauen und bietet so viele Variationsmöglichkeiten. Durch die Einrichtung und einen pinkfarbenen Sternenteppich wird aus dem Kinderzimmer ein wahrhaft königliches Gemach.

Tipp:

Wer die Wandmalerei noch prächtiger gestalten will, kann auch Metallic- oder Glitterfarben verwenden. Damit kommt Glanz ins Spiel.

Heitere Farben und Möbel

Möbel, wie zum Beispiel diese Sitzwürfel und Tische, die sich flexibel einsetzen lassen, sind ideal fürs Kinderzimmer, denn sie passen sich jeder Situation an. Die praktischen Tische und Stühle lassen sich auch zu einer gemütlichen kleinen Tafelrunde zusammenschieben. Sie können ebenso als Regal, Sitz und Nachttisch eingesetzt werden.

Der Kinderspielparavent ist ein dekorativer Raumteiler, der auch als Kasperletheater fungieren kann. Die unbehandelten Holzteile werden mit Acrylfarben in zarten Pastelltönen bemalt. Wichtig ist besonders für kleine Kinder, dass die Farbe speichelecht ist.

Tipp:

Gemalte Details wie auf dem Spielparavent müssen nicht super perfekt sein. Die Malerei lebt vom vitalen Pinselstrich.

Hellblaues Kinderbett

Nostalgisch verschnörkelte Gitterbettchen lassen die Herzen aller Mamas höher schlagen. Doch oft sind sie alt und unansehnlich. Mit etwas Farbe wird wieder ein Prachtstück daraus.

Auf dem Dachboden oder bei Trödlern findet man manchmal noch alte romantische Eisenbettchen. Sie dann mit Farbe und Pinsel aufzufrischen, ist mühsam und dauert relativ lange. Am besten eignet sich ein Farbspray zum Überlackieren von filigranen Eisenzierteilen. Gesprayt wird in gut belüfteten Räumen oder im Freien und der Untergrund sollte mit einer Abdeckplane geschützt werden. Nun werden die Gitter von allen Seiten mehrmals gesprüht.

Wichtig ist hier die Vorbereitung des Untergrunds. Er muss sauber, trocken und fettfrei sein. Dann wird das Metall mit einer Spraylackierung grundiert.

Farbberatung – create the look

Die sanfte Farbe Rosa vermittelt Kindern ein Gefühl von Geborgenheit und ist daher ideal für das Schlafzimmer der Kleinen.

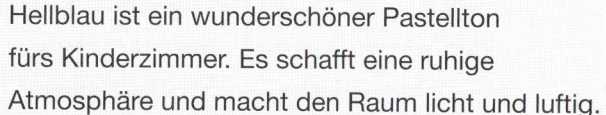

Hellblau ist ein wunderschöner Pastellton fürs Kinderzimmer. Es schafft eine ruhige Atmosphäre und macht den Raum licht und luftig.

Zartes Grün wie Limone frischt feine Rosa- und Blautöne auf und fügt sich schön in die Farbharmonie des Kinderzimmers ein.

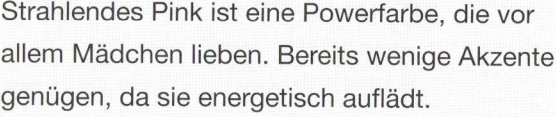

Strahlendes Pink ist eine Powerfarbe, die vor allem Mädchen lieben. Bereits wenige Akzente genügen, da sie energetisch auflädt.

Darüber wird mit Farbspray ein leichter hellblauer Ton gesprüht. Der Vorgang wird so lange wiederholt, bis der Untergrund gut bedeckt ist.

Wand-Deko

Wandgestaltungen bringen frischen Wind in die Wohnung. Denn mit Farben kann man Räume verzaubern und ihnen leicht und auf preiswerte Art neuen Schwung verleihen.

Wände neu zu bemalen, ist das einfachste Mittel, schnell und ohne große Kosten etwas zu verändern. Alles was man braucht sind Farben, Walze, Pinsel und dekorative Schablonen, mit denen man attraktive Akzente setzen kann. Wichtig sind außerdem noch etwas Fantasie und der Mut, einmal neue, ungewohnte Töne auszuprobieren. Wie wär's zum Beispiel mit einem schmucken Olivenzweig, den man in verschiedenen Farbstellungen ausprobieren kann? Etwa in frischem Weiß-Grün auf Blau oder in einem Ambiente mit warmen Terrakottatönen. Oder lieben Sie eher munteres strahlendes Orange für einen kommunikativen Wohnraum? Als dekorative Elemente kann man fertige Schablonen einsetzen, die es im Fachhandel in großer Auswahl gibt oder selbst Schablonenvorlagen nach Stoff- oder Tapetenmustern herstellen. Wer es ganz originell liebt, kann sich auch mal an eine lustige Wanddekoration mit angesprühten Tortenspitzen wagen. Probieren Sie's mal aus!

Bunte Tortenspitzen

Filigrane Tortenspitzen wirken herrlich nostalgisch. In den aktuellen Trend-farben besprüht, werden sie zu jungen, pfiffigen Deko-Elementen für die Wand und für alte Möbel.

Die Papierdeckchen für Torten und Tabletts sind in Kaufhäusern und Papeterien erhältlich. Sie werden mit Farbspray besprüht und mit Stecknadeln oder mit Sprühkleber an der Wand fixiert.

Aus der alten Kommode oben wird mit farbigen Tor-tenspitzen ein neues Highlight für die Wohnung. Hier werden die besprayten Papierspitzen aufgeklebt und zum Schutz noch mit Klarlack überzogen.

Auch schlichten Glasvasen steht ein schickes „Kleid" aus besprayten Tortenspitzen prima. Schön sehen die hellblau und violett dekorierten Spitzen aus, wenn sie nur als Halbkreise aufgeklebt werden. Zum Schutz werden sie dann noch mit Klarlack über-sprayt. Die Tortenspitzen können mit wiederablös-barem Klebstoff fixiert werden. So sind sie dann auch schnell wieder entfernt.

Blattmotive

Fantasievolle Scherenschnittmotive des französischen Künstlers Henry Matisse standen Pate für diese Gestaltung. Die dekorativen organischen Formen machen sich prima als Wandschmuck.

Die interessanten Blattmotive – die Vorlage finden Sie auf Seite 107 – werden mit dem Schneidemesser aus Foamboard ausgeschnitten und mit Doppelklebeband oder Sprühkleber auf der Wand fixiert.

Tipp:

Mit diesen ausgeschnittenen Motiven verändern Sie einen Raum, ohne die Wände zu streichen. Die Motive können wieder entfernt und jederzeit durch andere ersetzt werden.

Schön sehen weiße Motive auf einer Wand aus, die in intensiven Farben, zum Beispiel in einem satten Goldorange, gestrichen wird. Ein violetter Sessel und dazu farblich passende Accessoires setzen einen sehr modernen Kontrast.

Aber auch umgekehrt ist der Effekt toll: Motive in kräftigen Farben werden auf einer weißen Wand angebracht. Dazu die Blätter nach dem Ausschneiden mit Acrylfarbe bemalen.

Blattfries

Das Blattmotiv im Stil der Matisse-Scheren-schnitte findet sich wieder in dieser schönen Wandschablone, die sich gut als Wandfries einsetzen lässt.

Diese Wand wurde in leuchtendem Orange grundiert. Der weiße Fries setzt darauf einen frischen Akzent. Die selbsthaftende Schab-lone, die im Fachhandel erhältlich ist, wird mit weißer Schablonier-farbe mit einem Stupfpinsel ausgemalt.

Tipp:

Passend zur Wand-Deko ist die Schablone auch als Einzelmotiv sehr gut für die Gestaltung von Gardinen-säumen oder Tischdecken geeignet. Dafür verwenden Sie am besten die bügelfixierbare Textilfarbe, die in schönen Farbtönen angeboten wird.

Farbberatung – create the look

Strahlendes Goldorange macht Wände lebendig und lädt Räume energetisch auf. Schön dazu sind Zierelemente in Weiß.

Zu Orange bildet Violett einen faszinierenden Kontrast. Die Kombination ist so markant, dass man nichts hinzuzufügen braucht.

Die Position für das Wandfries aus-messen und sorgfältig mit Bleistift eine Linie markieren. Die Schablone auflegen, sie haftet selbst.

Das Motiv im Rapport Schritt für Schritt aufstupfen. Darauf achten, dass keine Farbe auf die Schablo-nenunterseite gerät.

Dekorativer Zweig

Jeder Mensch hat persönliche Farbvorlieben.
Deshalb sollten die Wände in den individuellen
Wohlfühlfarben dekoriert werden.

In den eigenen vier Wänden kann man seine natürlichen Empfindungen berücksichtigen und muss sich nicht allzu sehr von Modetrends beeinflussen lassen. Erlaubt ist, was einem persönlich gefällt. Am Beispiel des Olivenzweiges wurden verschiedene Farbkombinationen durchgespielt: eine eher kühle Variante in feinen Blau-Grüntönen, eine erdig-natürliche mit Terrakotta und Grün, die Erinnerungen an erholsame Urlaubstage am Mittelmeer weckt, und eine vitale, die auf die lebhaften Kontraste von Karminrot, Orange, Violett und Flieder setzt. Die Wandgestaltung wurde mit einer extra großen mehrteiligen Schablone und Schablonierfarbe ausgeführt, die es im Fachhandel zu kaufen gibt.

Farbberatung – create the look

Helles Blau, Grün und Weiß machen Räume licht, frisch und entspannend. Alle Zimmer und besonders auch kleine Räume wirken mit ihnen gleich viel großzügiger.

Terrakottatöne und sanftes Grün harmonieren wunderbar zusammen. Es sind die Farben der Natur, die Töne der Blätter und der Erde. Mit ihnen schafft man ein gemütliches Zuhause.

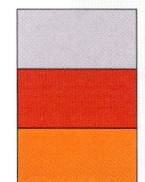

Fliedertöne, Rot und Orange bringen Power ins Spiel und setzen kräftige Akzente. Denn warme Rottöne treffen auf Flieder und Violett, die Blauanteile enthalten.

Möbel-Design

Kreieren Sie Ihr eigenes Möbel-Design durch die geschickte Verwandlung von alten Stücken. Denn das macht Spaß und sieht super aus.

Manchmal sehnt man sich Zuhause nach Abwechslung, denn vieles hält nach einiger Zeit den prüfenden Blicken nicht mehr Stand. Doch manches ist zum Ausrangieren oder Wegwerfen zu schade. Dann heißt es zu Farben, Lackspray oder schönen Stoffen greifen, um das eine oder andere Möbelstück aufzufrischen oder etwas ganz Neues zu schaffen. Oft genügt schon ein witziges Element wie etwa ein Zierteil aus Metall, das man im Baumarkt findet, um einem Regal mehr Pepp zu verleihen. Auch ein alter Leuchter, den man auf dem Flohmarkt gefunden hatte, erhält mit cremefarbenem Lackspray einen neuen Look. Und mit dekorativen romantischen Stoffen kann man einen Stuhlsitz neu beziehen und die Fronten von Kommoden-schubladen attraktiv verkleiden. Wer gleich etwas selber bauen will, stattet den Flur mit originellen Garderoben im Stil sommerlicher Strandhäuser aus. Der Fantasie sind keine Grenzen gesetzt!

Landhaus-Flair

Mit schönen Farben aus der Dose kann man schnell Zierteile aus dem Baumarkt oder auch alte Objekte trendig verwandeln.

In diese Hängeregale passt was rein. Sie werden aus einfachen, weiß gestrichenen Brettern gebaut. Kirschrot gesprühte Eisenzierteile aus dem Baumarkt machen sie landhausfein.

Die kleine Etagere war alt und ganz dunkel angemalt. Mit Farbspray in Creme gelang ruckzuck eine tolle Verwandlung. Nun sieht sie hell und wieder wie neu aus.

Verwandlung mit Stoffen

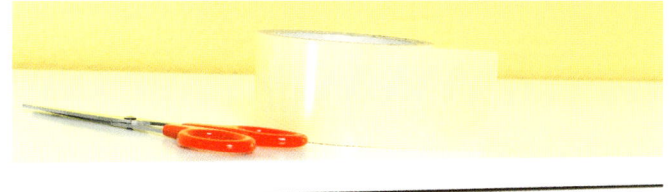

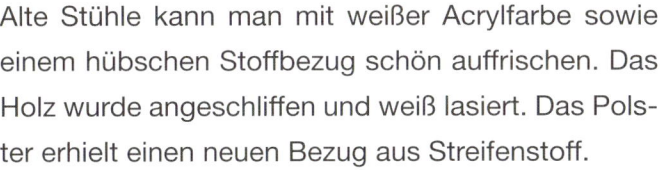

Alte Stühle kann man mit weißer Acrylfarbe sowie einem hübschen Stoffbezug schön auffrischen. Das Holz wurde angeschliffen und weiß lasiert. Das Polster erhielt einen neuen Bezug aus Streifenstoff.

Eine schlichte Kommode aus dem Mitnahmemarkt erhält mit einer Stoffdeko für die Schubladenfüllungen gleich viel mehr Pepp. Dafür wird gestreifter Stoff um ein passend zugeschnittenes Stück Karton gelegt, auf der Rückseite mit Klebeband fixiert und mit Doppelklebeband auf den Füllungen angebracht.

Strandhausgarderobe

Sommer, Sonne, Farbenfreude: Fröhliche Strandhäuschen regen zum Bau
origineller Garderoben im trendigen Streifen-Look an und tropische Blätter
dekorieren alte ausrangierte Beistelltischchen.

Diese Garderoben im Strandhausstil werden aus
MDF-Platten gemacht. Die Bretter kann man sich
nach der Schemazeichnung von Seite 106 gleich im
Baumarkt zusägen lassen. Als Ablage werden dahinter zwei Bretter geschraubt. Am obersten Brett wird
die Kleiderstange befestigt.

Die kleinen Beistelltische erhalten mit Philodendron-
blättern eine dekorative Schablonenmalerei. Das geht
kinderleicht und gelingt jedem.

Die Streifen der Strandhäuschen ausmessen, mit
Malerband abkleben und danach mit Acrylfarbe mit
der Rolle gelb ausmalen. So verbreitet diese Garderobe eine fröhliche Atmosphäre.

Für die Blätter mit dem Cutter eine Schablone nach
der Vorlage von Seite 106 ausschneiden und diese
dann mit Schablonierfarbe aus der Tube in zwei
Grüntönen ausmalen.

Kleine Projekte

Unsere Freizeit ist oft so vollgepackt mit Aktionen, dass für das kreative Hobby wenig Zeit bleibt. Für alle, die dennoch gerne etwas gestalten wollen, sind daher kleine Projekte genau das Richtige.

Mit einigen wenigen Handgriffen kann man in der Wohnung kreative Akzente setzen und ihr eine persönliche Note verleihen. Schlichte Pressgläser werden mit Pünktchen aus Glasmalfarben dekoriert. Torftöpfchen verwandeln sich mit witzigen Accessoires in fantasievolle Gefäße. Einfache schlichte Zinklaternen aus dem Möbelhaus sehen farbig verändert plötzlich überraschend neu aus und bilden fröhliche Blickpunkte auf Balkon und Terrasse. Strandläufer und Muschelsucher können ihre Fundstücke aus dem Urlaub zu eigenen Kreationen verarbeiten und originelle Dekorationen im maritimen Stil kreieren. Für Stoffliebhaber bieten sich schnelle Projekte mit Textilmalfarbe und Schablonen an. Dieses Textildesign aus dem eigenen Atelier ist unkompliziert und schnell gemacht, gelingt wirklich jedem und ist auch eine schöne Geschenkidee.

Glas-Design

Aus schlichten Gläsern lassen sich mit Farbe hübsche Dekorationen gestalten. Dabei sind der Fantasie keine Grenzen gesetzt, probieren Sie ganz einfach verschiedene Dekore aus.

Preiswerte Pressgläser aus dem Mitnahmemarkt erhalten mit Glasmalfarben und hübschen Pünktchenmotiven einen romantischen Touch und sehen so einfach prima aus. Diese Technik geht kinderleicht. Man braucht mit den Glasmalstiften nur Pünktchen malen. Nach dem Trocknen wird die Farbe dann im Backofen eingebrannt.

Senfgläser sind zum Wegwerfen viel zu schade. Mit lila Farbspray und einem kleinen Satinband werden schöne Vasen für das Gartenfest draus. Das Tolle daran ist auch, dass Sie die Vasen farblich an die Tisch-Deko anpassen können. Oder sprayen Sie doch einfach mal jedes Glas in einem anderen Farbton zu einer kunterbunten Vasenparade.

Schicke Töpfchen

Jeder kennt sie: kleine Anzuchttöpfchen aus Torf, die es für ein paar Cent im Gartencenter gibt. Mit Farbspray und kreativen Accessoires verwandeln sie sich in trendige Dekostücke.

Auf rosa gesprayte Töpfchen werden mit Klebstoff Herzen gemalt und kleine Streublüten darauf geklebt.

Auch als hübsche Behälter für Süßigkeiten oder als nette Geschenkverpackungen machen sich die Töpfe gut. Zusätzlich können sie dann noch mit Wachsperlen verziert werden.

Cremeweiß besprayte Töpfe mit aufgesteckten Blüten eignen sich mit einem hineingestellten Glas prima als festliche Vasen für Rosen, Schleierkraut und andere kleine Blüten.

Maritime Dekorationen

Wie ein Tag am Meer! Mit verschiedenen Muscheln lassen sich viele schöne Dekos gestalten. Auf hell lasierten Untergründen wirken sie sommerlich leicht und frisch. So kommt das Urlaubsfeeling nach Hause.

Aufgeklebte Muscheln sowie hübsche naturfarbene Netze machen aus schlichten blau lasierten Holztöpfen trendige Gefäße.

Decoupagepapier mit Muschelmotiven ist eine tolle Verwandlungsidee für ein altes Tablett. Das Papier muss nur mit einem Spezialkleber aufgeklebt werden. Es geht superschnell und die Wirkung ist einfach fantastisch.

Diese Uhr steht über dem Strom der Gezeiten, denn sie ist reine Dekoration. Als Ziffern werden Muscheln mit einer Heißklebepistole auf ein eisblau lasiertes Uhrenschild aufgeklebt. Die Zeiger bestehen aus Korallenstückchen oder aus rot lackierten Zweigen.

Tipp:

Die eisblaue Mattfarbe nur leicht mit einem Pinsel aufwischen, so dass der Untergrund noch durchscheint. Dann entsteht die angesagte Used-Optik.

Stoffe befestigen

Die Natur lieferte mit den verschiedenen Arten von Kletten das Anschauungsmaterial für eine tolle Erfindung: das Klettband. Das hilfreiche Band eignet sich ideal zum Fixieren von Stoffen.

Für die Schatten spendende Stoffbahn auf der Terrasse wurde eine geeignete Aufhängung gesucht, die es ermöglicht, den Stoff bei schlechtem Wetter oder zum Waschen unkompliziert abzunehmen. Ein Klettband ist hier die ideale Lösung. Die flauschige Seite wird mit der Nähmaschine oder von Hand auf die Oberkante des Stoffs genäht. Die Hakenseite des Bands ist selbstklebend und kann gut auf harte Oberflächen, wie die Balken unter dem Terrassendach, geklebt werden. Dabei sollten die Klettbandstücke so befestigt werden, dass sie später mit den auf Stoff genähten passgenau übereinstimmen. Die Gardine kann nun leicht befestigt und nach Belieben wieder entfernt werden.

Tipp:

Auch Kissen können mit Klettband wunderbar auf Stühlen und Bänken fixiert werden. Dazu wird auf die Unterseite der Kissen die Flauschseite des Bands aufgenäht, auf die Bank ein Stück der selbstklebenden Hakenseite geklebt.

Zinklaternen werden mit Farbspray in den Lieblingsfarben lackiert. Sie beleben die Terrasse oder den Garten und verbreiten am Abend ein schönes Licht.

Vorlagen

Seite 12

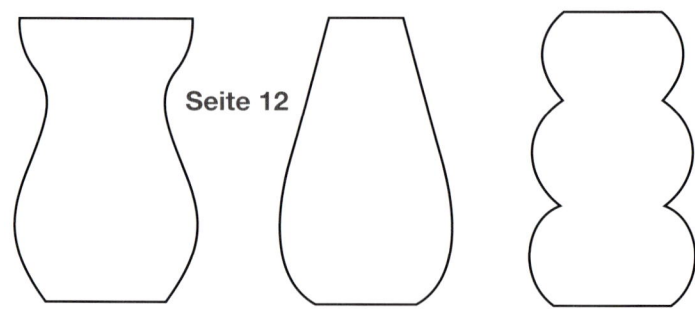

Tipp:

Zum Herstellen von Schablonen die Vorlage kopieren, eventuell mit dem angegebenen Faktor vergrößern, auf Pappe kleben und mit Schere oder Cutter ausschneiden.

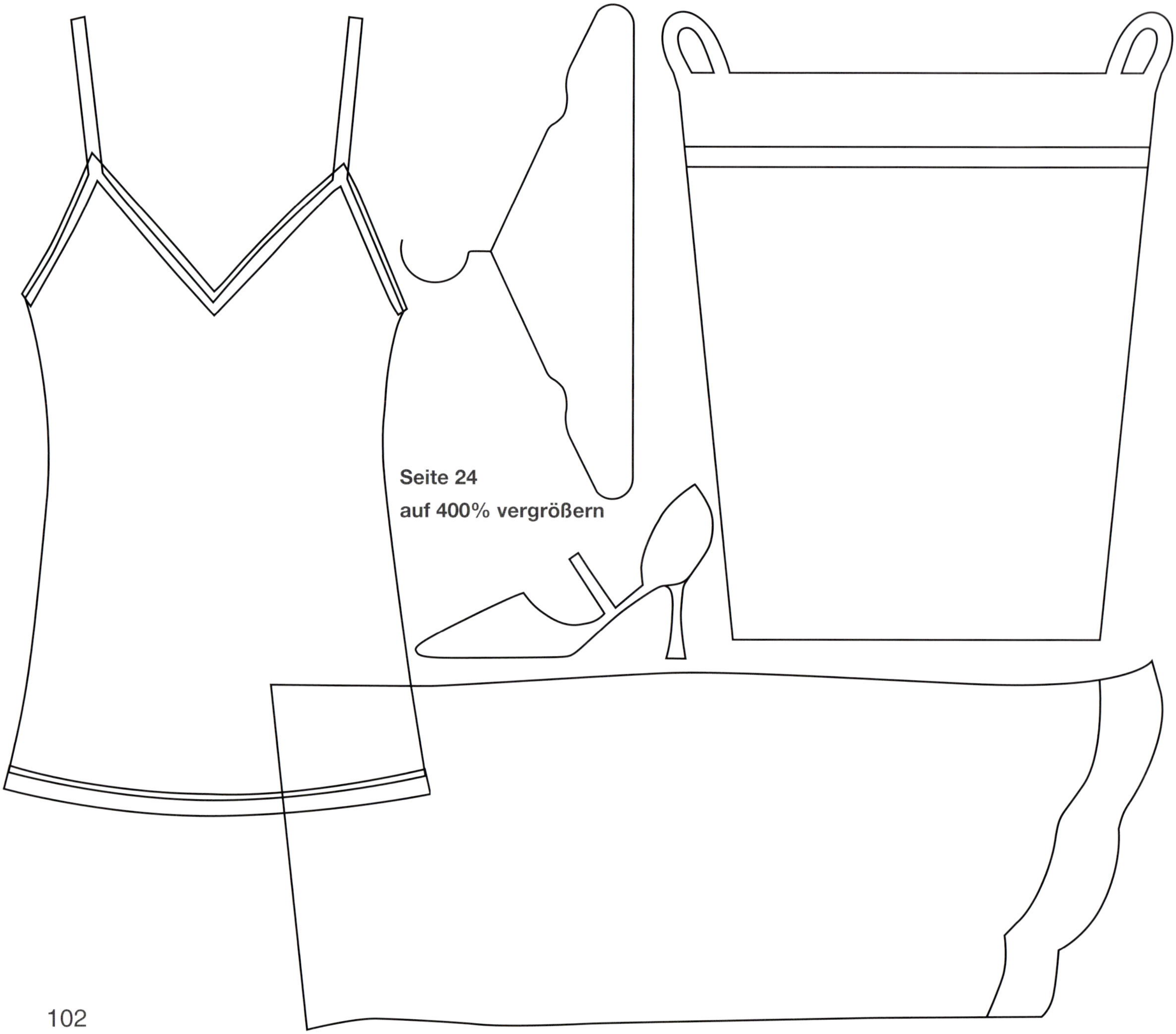

Seite 24
auf 400% vergrößern

Seite 30 und 32
auf 200% vergrößern

Seite 36
auf 200% vergrößern

Seite 34
auf 200% vergrößern

Seite 40 und 46

Seite 42
auf 200% vergrößern

Seite 50
auf 200% vergrößern

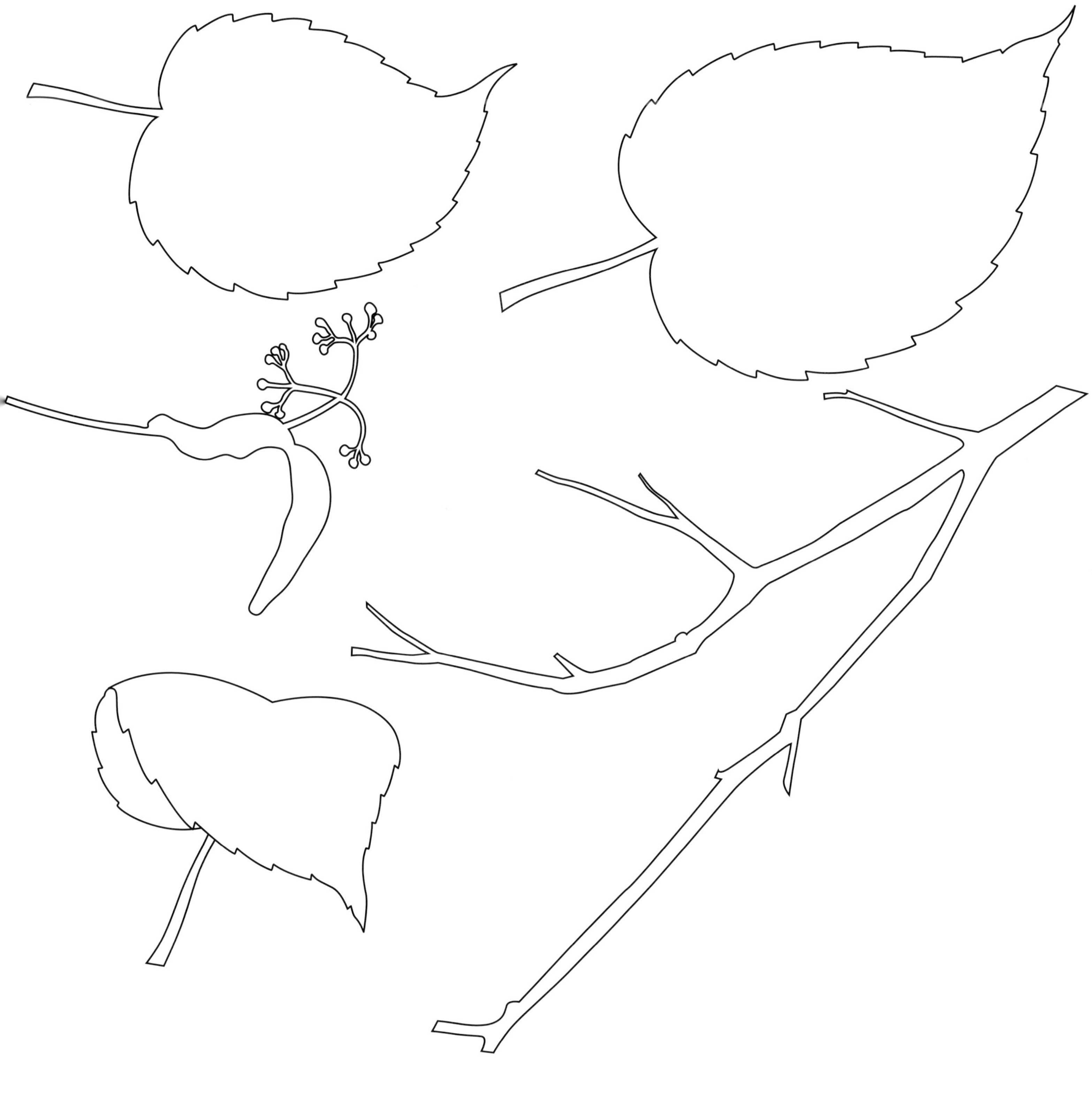

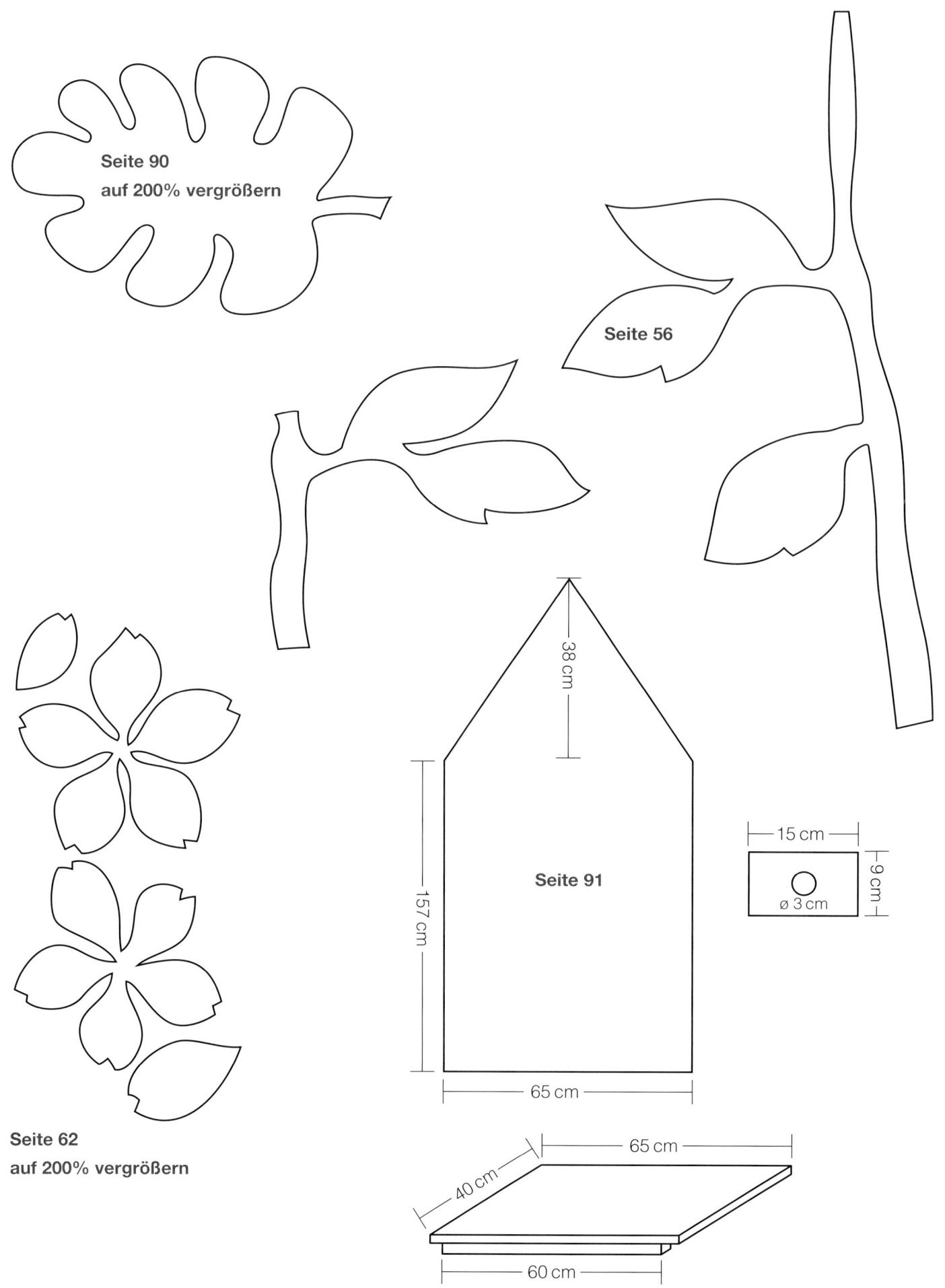

Seite 90
auf 200% vergrößern

Seite 56

Seite 62
auf 200% vergrößern

Seite 91

38 cm

157 cm

65 cm

15 cm

9 cm

ø 3 cm

65 cm

40 cm

60 cm

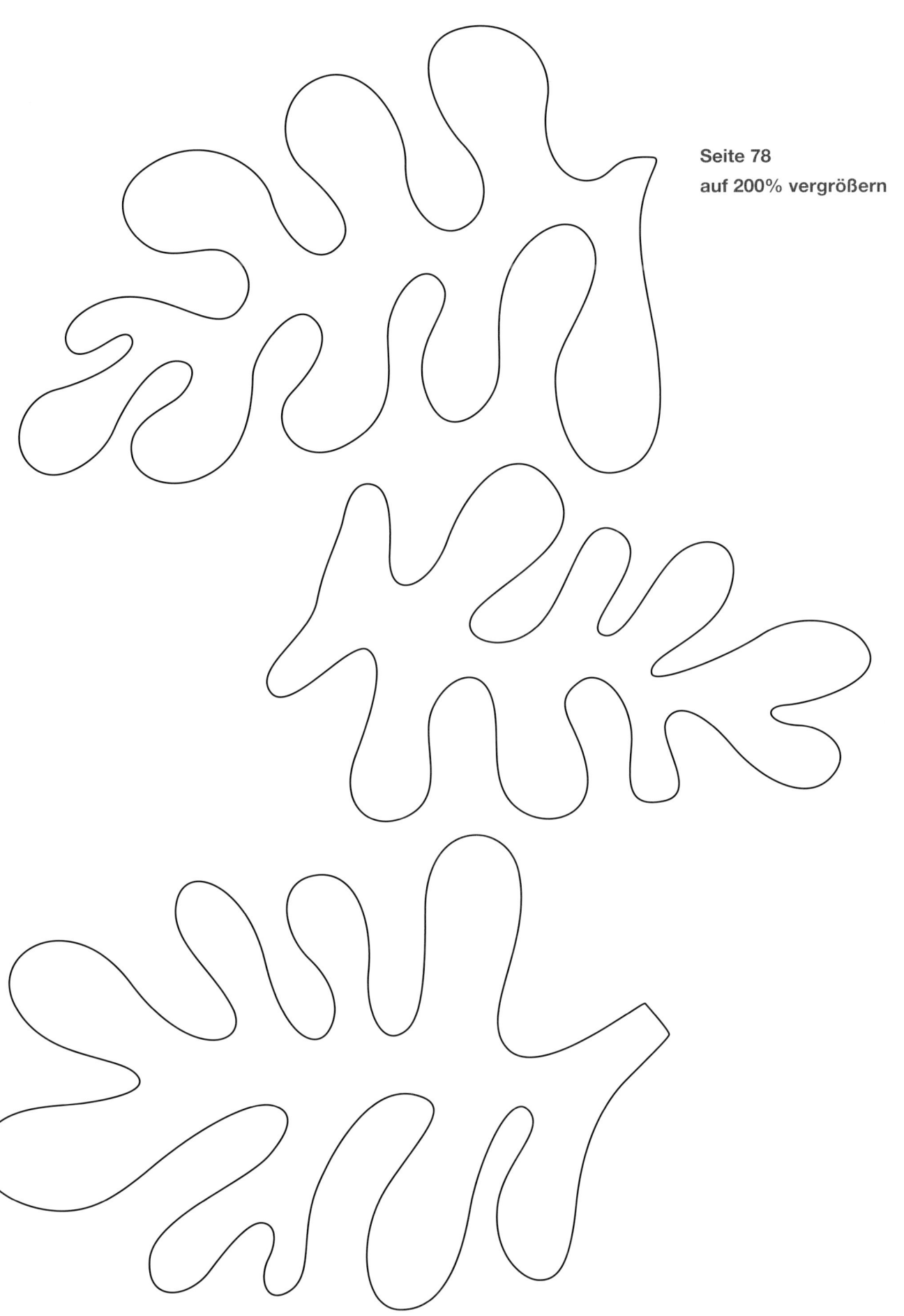

Seite 78
auf 200% vergrößern

Herstellernachweis

- **Artoz Papier AG,** Ringstraße West 23, CH-5600 Lenzburg, Tel. 041-(0)62886-4300, www.artoz.ch
- **Auerhahn Bestecke,** Im oberen Tal 9, 72213 Altensteig, Tel. 049-(0)7453-9468-0, www.auerhahnbestecke.de
- **Bacher und Demmler,** Kaiser-Wilhelm-Straße 7-15, 12247 Berlin, Tel.: 049 (0)30-770008-54, www.demmler.de
- **Busatti Freiburg,** Gerberau 17, 79098 Freiburg, Tel: 049-(0)761-2117322, www.busatti.de
- **car-Selbstbaumöbel,** Gutenbergstraße 9a, 24558 Henstedt-Ulzburg, Tel. 049-(0)41-937555-0, www.car-moebel.de
- **Chivasso,** über JAB Anstoetz, Potsdamer Straße 160, 33719 Bielefeld, Tel. 049-(0)521-2093-0, www.chivasso.com
- **A.W. Faber-Castell GmbH & Co,** Nürnberger Straße 2, 90546 Stein, Tel. 049-(0)911-9965-0, www.faber-castell.com
- **Fleuresse,** Kirchbergstraße 23, 86157 Augsburg, Tel. 049-(0)821-5210-620, www.fleuresse.de
- **Greengate,** Strandvejen 781, DK 2930 Klampenborg, www.greengate.dk
- **Ihr,** Ideal Home Range, Höger Damm 4, 49632 Essen/Oldburg, Tel. 049-(0)5434-8181, www.idealhomerange.de
- **Ikea,** Am Wandersmann 2-4, 65719 Hofheim-Wallau, Tel. 049-(0)180-5353435, www.ikea.com
- **JAB Anstoetz,** Potsdamer Straße 160, 33719 Bielefeld, Tel. 049-(0)521-2093-0, www.jab.de
- **Kido,** Japanisches Wohnen, Fischerau 14, 79098 Freiburg im Breisgau, Tel. 049-(0)761 37104, www.kido-freiburg.de
- **KnorrPrandell GmbH,** Michael-Och-Straße 5, 96215 Lichtenfels, Tel. 049-(0)9571-793-0, www.knorrprandell.com
- **Koziol,** Werner-von-Siemens-Straße 90, 64711 Erbach/Odenwald, Tel. 049-(0)6062-604-0, www.koziol.de
- **C. Kreul GmbH & Co. KG** Künstler.Farben.Fabrik,Carl-Kreul-Straße 2, 91352 Hallerndorf, Tel. 049-(0)9545-925-0, www.c-kreul.de
- **Jan Kurtz,** Maybachstraße 13, 71563 Affalterbach, Tel. 049-(0)7144-837799, www.jankurtz.de
- **Magma Heimtex,** Bahnhofstraße 66, 77948 Friesenheim, Tel.: 049-(0)7821-633-60, www.magma-heimtex.de
- **Marimekko,** Querstraße 2, 60322 Frankfurt, Tel. 049-(0)69-749084, www.marimekko.com
- **Mirabeau-Versand,** Nürnberger Straße 91-95, 90762 Fürth, www.mirabeau-versand.de
- **Motip Dupli GmbH,** Kurt-Vogelsang-Straße 6, 74855 Haßmersheim, Tel. 049-(0)6266-75-0, www.platinum-colors.com, www.duplicolor.com
- **overbeck and friends,** Seestraße 63, 82229 Seefeld-Hechendorf, Tel: 049-(0)8152-3962-441, www.overbeckandfriends.de
- **rice,** Havnegade 100 D, DK-5000 Odense C, Tel. 045-(0)63-113535, www.rice.dk
- **saumer,** Auf der Zinnen 1, 79098 Freiburg, Tel. 049-(0)761-26831, www.saumer.de
- **tesa AG,** Quickbornstraße 24, 20253 Hamburg, Tel. 049-(0)40-585555, www.tesa.de
- **Villeroy & Boch,** Saaruferstraße, 66693 Mettlach, Tel. 049-(0)06864-810, www.villeroy-boch.com

Tropen-Zauber

Seite 8
Sets, Teelichter, Kissen: Ikea;
weiße Textilmalfarbe: C. Kreul;
Gläser, Service: Villeroy & Boch; weiße Stühle: saumer
Seite 10/11
Bast-Rollos: Ikea;
Leuchte: rice;
grüner Stuhl: saumer;
weiße Textilmalfarbe: JAVANA Tex opak, von C. Kreul;
Hocker, Teppiche: overbeck and friends
Seite 12/13
XXL-Schablone Hibiscus, Schablonierfarben: C. Kreul;
Hocker, Teppiche: overbeck and friends
Seite 14/15
geflochtene Abdeckhauben: Ikea;
Orchideenblüten: KnorrPrandell;
Farbspray Platinum: Dupli-Color
Seite 16/17
Textilmalfarben, Mattfarben, Schmucksteine: C. Kreul
Seite 18
Transparentpapier für Leuchten: Artoz;
Orchideen und Bast für Flaschen: KnorrPrandell

Savoir-Vivre

Seite 20
Bett, Stuhl, Buffet, Tischchen: car-Selbstbaumöbel;
Stoffe: Chivasso, über JAB Anstoetz;
Bettwäsche: Fleuresse
Seite 22/23
Stoffe: Chivasso
Seite 24/25
Papiere, Strasssteine: Artoz
Seite 28
Tischchen: car-Selbstbaumöbel; Spraylack: Dupli-Color

Schweden-Stil

Seite 30/31
Bank: car-Selbstbaumöbel;
JAVANA Textilmalfarbe: C. Kreul;
Damastkissen: Busatti
Seite 32/33
Schablonierfarbe: C. Kreul
Seite 34/35
Tabletttisch: Car Selbstbaumöbel;
Mattfarben: C. Kreul
Seite 36/37
Kissen: Busatti;
Korb, Spiegelrahmen: car-Selbstbaumöbel;
Matt-, Textilmalfarben: C. Kreul

Bei allen Firmen, die uns großzügig Material und Fotorequisiten zur Verfügung gestellt haben, möchten wir uns ganz herzlich bedanken!

Impressum

Herausgeber: Wolfgang Müller

Konzept, Redaktion, Realisation,
wenn nicht anders erwähnt: Ines Heim
Seite 16, Tasche: Lena Weidenhammer
Seite 22, Sessel: Hubert Siefert
Seite 48, 50, Bilderrahmen, Bild: Helen Pickl
Seite 53, Bild: Christel Lüllmann

Alle Fotos, wenn nicht anders erwähnt: Artur Müller
Seite 19, 58, 59: Blumenbüro Holland
Seite 28: Greengate
Seite 54: Marimekko
Seite 65 Buddha, Seite 82 unten: C. Kreul
Seite 65 Kirschblüte: fotolia
Seite 66: rice
Seite 69 bis71: car-Selbstbaumöbel
Seite 52, 79 Stepps: Klaus Peduzzi

Styling, wenn nicht anders erwähnt: Patricia Hansmann
Seite 38, 44, 45, 98, 99: Sibyll Mayer-Kuderer
Seite 96, 97: Karin Schlag

Umschlaggestaltung: Yvonne Rangnitt

Layout und Satz: Yvonne Rangnitt
Yulia Vershinskaya

Reinzeichnung der Vorlagen: GrafikwerkFreiburg

Reproduktion: Meyle & Müller

Druck und Verarbeitung: Himmer AG

ISBN 978-3-8388-3260-9
Art.-Nr. 3260

© 2010 Christophorus Verlag GmbH & Co. KG
Freiburg